Redouan DAAFI

A metropolização das cidades de médio porte

Redouan DAAFI

A metropolização das cidades de médio porte

A globalização imperativa ou resposta às necessidades de desenvolvimento territorial? Caso de Marrocos

ScienciaScripts

A METROPOLIZAÇÃO DAS CIDADES DE MÉDIA DIMENSÃO:

Imperativo da globalização ou resposta às necessidades de desenvolvimento territorial?
Caso de Marrocos

ÍNDICE

SÍNTESE

O objectivo deste livro é estudar em que medida o processo de metropolização apresenta uma solução para melhorar a competitividade das cidades de média dimensão.

Para satisfazer o posicionamento desejado pelas cidades de média dimensão, o seu desenvolvimento e as suas acções não podem ser encarados exclusivamente à escala de uma única zona urbana. Um processo de metropolização policêntrica funcional é necessário para a construção de uma trajectória metropolitana para estas cidades. Este processo exige que um território com vocação metropolitana seja visto como um sistema territorial com funções superiores que lhe permitem especializar-se numa rede de cidades com um mínimo continental ou regional.

A implementação destas opções, aplicadas às cidades marroquinas, terá de ser avaliada à luz da necessidade de ter em consideração a originalidade marroquina em termos de policentricidade morfológica e que apresenta as cidades em pares. Esta observação convida os actores territoriais a situarem-se em relação a esta especificidade e a fazerem evoluir para uma policentricidade com perspectivas baseadas em complementaridades funcionais.

PALAVRAS-CHAVE: metropolização; função; policentrismo; trajectória

INTRODUÇÃO

Num contexto marcado pela liberalização das economias e do comércio, pelos confrontos competitivos, pelos confrontos estratégicos entre vários agentes económicos e pela rapidez das mudanças económicas, a ideia da competitividade das cidades não é evidente por si mesma e precisa de ser explicitada.

O sistema metropolitano está a desempenhar cada vez mais um papel de liderança no desenvolvimento territorial e na produção de riqueza. No entanto, caracteriza-se sobretudo pela sua complexidade e pode ser dividida em três categorias. A primeira, económica, é a expressão da polarização das actividades económicas com elevado valor acrescentado num território. O segundo, sociológico, corresponde ao fenómeno de concentração dos indivíduos e das redes internacionais, bem como às consequências para a dinâmica interna dos territórios metropolitanos. A terceira, geográfica, está centrada nas mudanças no espaço induzidas pela contínua expansão e crescente interdependência das áreas urbanas.

Esta complexidade coloca um certo número de dificuldades, tanto para o investigador, que deve fornecer uma explicação científica deste facto metropolitano, como para o agente público, no sentido em que a metropolização não é um novo nível da hierarquia urbana mas um processo de transformação dos territórios e das dinâmicas que são agora necessárias para um melhor posicionamento internacional. Estas transformações nem sempre são fáceis de realizar, especialmente para as pequenas e médias cidades que ainda não conseguiram desenvolver funções metropolitanas que lhes permitissem posicionar-se melhor na cena internacional. O que nos leva, através deste documento, a responder à seguinte pergunta: **"O processo de metropolização: é uma solução**

para melhorar o potencial competitivo das cidades à escala internacional? ».

Para tal, este trabalho está dividido em duas partes. O primeiro traça a evolução histórica da metropolização para identificar as teorias que este conceito mobiliza. A segunda trata de algumas experiências realizadas neste processo, incluindo a marroquina.

A METROPOLIZAÇÃO: UMA HISTÓRIA E UM CONCEITO

A metropolização é interpretada como uma simples mudança de escala, um território urbano "maior", enquanto que é uma verdadeira mudança histórica que subverte territórios, por um lado, através da ascensão de redes (infra-estruturas, fluxos materiais e imateriais, redes económicas, redes sociais) e, por outro lado, através da sistematização de territórios, que estas redes estimulam (Martin. Vanier, 2013, pp.1-4).

Estes centros urbanos em rede deslocaram o conceito de uma abordagem monocêntrica para um policentrismo funcional mais especializado.

A METROPOLIZAÇÃO: UM PROCESSO ANTIGO QUE ESTÁ DE NOVO A TORNAR-SE ACTUAL

A origem do processo de metropolização remonta à antiguidade, uma vez que vem do medidor grego "mãe" e "cidade" polida e significa "cidade mãe" que espalha as suas colónias pelo Mediterrâneo (Nicolas Douay, 2009, p.12). A metrópole era então a cidade mãe da antiguidade, a capital administrativa dos romanos, a cidade com um arcebispado na Idade Média onde residia o "metropolitano" designado pelo papa (Di Méo Guy, 2010, pp. 23-38). Durante muito tempo, as sociedades e elites das metrópoles têm sido os interlocutores das cidades que influenciam nas suas redes de intercâmbio.

Actualmente, a noção de metrópole ainda está associada às relações entre a cidade e outros territórios, o que explica a extensão dos intercâmbios de longa distância sobre o desenvolvimento de certas metrópoles costeiras na Europa (L. Halbert, P. Cicille e C. Rozenblat, 2012, p. 10).

A revolução industrial do século XIX reforçou a ligação do mundo, nomeadamente com o desenvolvimento dos caminhos-de-ferro. Ao mesmo tempo, surgiram desigualdades sociais entre territórios. Devemse ao fenómeno do êxodo rural, ao desenvolvimento da indústria e dos serviços. A circulação de matérias-primas, produtos preciosos e bens manufacturados evoluiu e com ela a melhoria do nível de vida nas cidades (Madisson, 2007, p. 382). Paris e Londres distinguem-se então por serem as capitais dos impérios coloniais.

No início do século XX, a metrópole era considerada uma grande cidade caracterizada por uma forte urbanização. Esta última criou ligações entre a cidade e os seus subúrbios (C. Gharra-Gobin, 2010, pp.25-33). Contudo, o sociólogo alemão George Simmel, o primeiro a usar o termo metrópole, baseou-se na experiência de Berlim, que viu a sua população duplicar nas últimas duas décadas do século XIX, para explicar que o fenómeno da metropolização não está apenas ligado ao crescimento populacional e à produção industrial, mas envolve também transformações culturais (C. FOURNIER, 2007, p. 27). Trata-se, portanto, de um poder exercido pela metrópole sobre outras cidades do país e mesmo fora do quadro nacional.

O trabalho da Delegação Interministerial para o Ordenamento do Território e a Atractividade Regional (DATAR) sobre o potencial de metropolização das cidades francesas confirma estes resultados. Mostram que uma análise do desempenho esperado de uma zona urbana em França em relação ao seu peso demográfico mostra que, embora o peso demográfico de um território contribua para alcançar um nível elevado de desempenho, não explica necessariamente o seu dinamismo.

Figura 1. Desempenho esperado de uma área urbana em França no que diz respeito ao seu peso demográfico

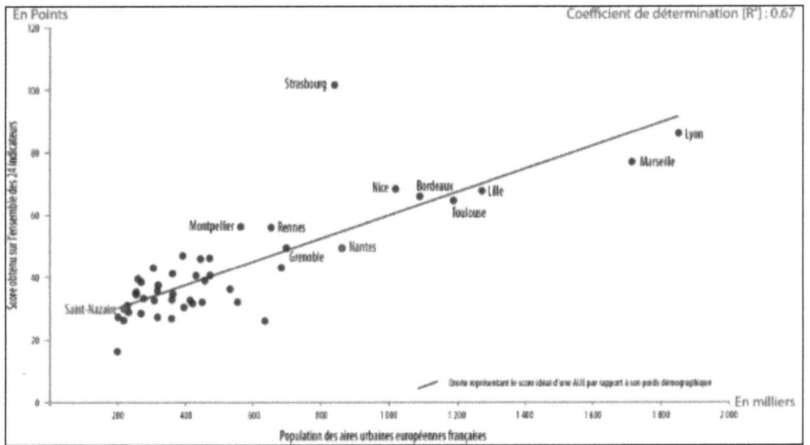

Fonte: DATAR, 2013

Neste caso, a curva vermelha da figura 1 mostra o rácio ideal que se deve esperar de um território em termos de desempenho (eixo y) em relação ao seu peso demográfico (eixo x). Se um território estiver acima desta linha vermelha, pode considerar-se que se encontra numa situação de desempenho excessivo. Se estiver na linha vermelha, o seu desempenho está de acordo com o seu peso demográfico. Se assim não for, podemos deduzir uma primeira série de margens de progresso a serem preenchidas para os territórios que ficariam abaixo desta linha.

Durante a década de 1930, o conceito de metrópole foi introduzido nos EUA pelos estatísticos como uma categoria censitária, conhecida como "áreas metropolitanas". A área metropolitana era então uma cidade com pelo menos 50.000 habitantes, desenvolvendo a maior parte da actividade industrial e terciária, e com uma grande parte da população activa a viver nos subúrbios. A cidade central concentra a maior parte da mobilidade.

Os desconfortos da superlotação provocados pela metropolização foram abordados pela escola de Chicago, que se concentrou no contraste entre o nível de vida e o estilo de vida das famílias que vivem nos subúrbios urbanos e dos imigrantes que vivem em bairros de gueto.

Os fenómenos hoje observados nos centros urbanos dos Estados Unidos devem-se às decisões políticas da década de 1940. A teórica Jane Jacob observa que, na altura, várias legislações instituíram a discriminação racial proibindo a mistura de residências ou a propriedade de empresas por membros de minorias visíveis. Estas políticas conduziram à criação de bairros de gueto. Isto foi acentuado pelas políticas de financiamento que não beneficiaram certos bairros que foram afectados pela expropriação para a construção de auto-estradas (Jane Jacobs, 2012, p.96). Os habitantes destes bairros foram agrupados em grandes complexos habitacionais de baixa renda (HLM).

Jacob acrescenta que as cidades canadianas não têm experimentado tais políticas e aprenderam as lições necessárias com as experiências americanas. A degradação das cidades americanas é um resultado directo da intervenção de planificadores, burocratas e políticos americanos. A segurança e a limpeza de Montreal, Toronto e Vancouver podem ser explicadas muito mais pelas políticas urbanas canadianas nas últimas décadas do que pelas políticas de redistribuição de riqueza e outros programas sociais.

As décadas de 50 e 60 corresponderam ao período da globalização caracterizado pela redução de tarifas e pela expansão dos transportes e das telecomunicações. A dinâmica da metropolização foi então reforçada. As megacidades formaram-se em diferentes partes do mundo e são constituídas por aglomerações fisicamente espaçadas entre si, mas ligadas por trocas incessantes onde interagem milhões de pessoas (Gottmann Jean, 1957, pp.189-200): é o caso da megalópole na costa nordeste dos EUA, de Boston a Washington, ou da megalópole japonesa do corredor do Tokaido. Estes megalópteros concentraram o poder económico global, com base em funções de coordenação e concepção e não na produção industrial ligada à aglomeração fordista (L. Halbert, P. Cicille e C. Rozenblat, 2012, p. 14).

A METROPOLIZAÇÃO: DE UM CONCEITO A UM PARADIGMA

Contemporaneamente, o conceito foi proposto pelo geógrafo francês Jean Gottmann (1957, pp.189-200) em seu livro Megalopolis, The Urbanized Northeastern Seaboard of the United States, que trata das áreas urbanas do Nordeste dos Estados Unidos. Gottmann define "Megalopolis" como a região urbana que se estende entre a área metropolitana de Boston e a conurbação de Baltimore-Washington, incluindo as áreas metropolitanas de Hartford, Nova Iorque, Filadélfia, e uma multidão de cidades com mais de 100.000 habitantes na costa leste dos Estados Unidos. Esta área urbana estende-se por mais de 800 km de norte a sul, com uma população estimada em cerca de 65 a 70 milhões de pessoas. Explica esta concentração de população e de poder (político, económico, judicial, cultural) nesta zona pela sucessão de conjunturas favoráveis: a colonização da fachada norte e a importância das trocas marítimas com a Europa, a vitória do norte sobre o sul durante a guerra de secessão (eliminando a concorrência dos portos do sul) e a presença de uma elite urbana.

Da teoria da vantagem competitiva à vantagem metropolitana

Em meados do século XX, Peter Hall (1960), na sua famosa "cidade das palavras", introduziu a noção de cidade global, correspondente a áreas urbanas que concentram uma parte desproporcionada dos assuntos do mundo. Estas áreas têm a capacidade de desenvolver vantagens comparativas que as distinguem de outras cidades. Estas vantagens estão ligadas a funções políticas, económicas, comerciais, culturais, mediáticas e financeiras (L. Halbert, P. Cicille e C. Rozenblat, 2012, p.15).

A abordagem multicritérios de Peter Hall será reduzida à função económica devido ao aparecimento, a partir dos anos 70, de multinacionais que vão além de um quadro de produção nacional, alargando uma estratégia industrial. Estas multinacionais comandam e controlam as suas filiais a partir de centros localizados em algumas das principais capitais económicas.

Pierre Veltz (1996, p.113) confirma esta abordagem e considera que a globalização e a globalização apoiadas por inovações técnicas estão a alterar profundamente a relação entre a empresa e o espaço. A crescente polarização das actividades económicas a favor das grandes metrópoles constitui uma vantagem metropolitana fundamental tomada em consideração nas   estratégias das empresas. Perante a imprevisibilidade das economias modernas e a necessidade de gerir o risco e a incerteza, as empresas encontram as melhores garantias na metrópole: minimizar os custos e maximizar as possibilidades de externalização. A rede espacial produzida através destas empresas e das suas filiais cria um sistema descontínuo em que os fluxos múltiplos se sobrepõem e se entrelaçam. Cada elemento destes fluxos é um nó de intersecção e troca. A rede não elimina o território, mas gera desigualdades sociais e territoriais.

Embora estas metrópoles tenham desenvolvido um poder transfronteiriço, são de grande alcance e têm um efeito benéfico no crescimento económico. Os economistas franceses sugeriram mesmo que o Estado desenvolvesse metrópoles regionais equilibradas através da política de ordenamento do território, tendo em vista a expansão da actividade económica em vez da sua concentração em Paris (C. Gharra-Gobin, 2010, pp.25-33). Daí a noção de metrópoles de equilíbrio dos anos 70, que exigiam grandes investimentos públicos. Surgiu uma dúzia de grandes cidades. Os seus objectivos consistiam em melhorar a competitividade nacional. A mudança inevitável para metrópoles para o desenvolvimento económico nacional é uma realidade confirmada em 2003 pelo Conselho Económico e Social francês.

Foi durante este período que as metrópoles foram construídas como capitais regionais, caracterizadas por uma grande população, uma grande área de influência regional e o fornecimento de bens e serviços superiores para a população (C. Lacour e S. Puissant, 1999, pp.115-152). Em segundo lugar, estas cidades começam a promover actividades terciárias para as empresas e tornam-se cidades de intermediação. Estas metrópoles, determinadas a serem pólos motores do desenvolvimento da sua região, promovendo o crescimento para dinamizar o território oposto a Paris, começam a desenvolver actividades inovadoras graças a uma sinergia entre centros de formação, investigação e empresas, acolhendo as funções decisórias das empresas e o desenvolvimento de uma mão-de-obra qualificada.

A partir dos anos 90, o processo de internacionalização alterou as funções desempenhadas pelas metrópoles e levou ao estabelecimento de novas relações entre elas. A metrópole tornou-se um núcleo de redes de comunicação e de redes empresariais (C. Lacour e S. Puissant, 1999, pp.115-152).

A forma pós-fordista da evolução do modo de produção capitalista, facilitada pela queda do Muro de Berlim, no final do século XX, alterou a função metropolitana. Fala-se então do nascimento da era da metropolização universal (Di Méo Guy, 2010, pp. 23-38). Os actores das metrópoles desenvolvem relações fortes e fluidas que significam que não há lugar no mundo que já não esteja sob a sua influência.

Actualmente, a metropolização é o resultado de fenómenos económicos ligados à globalização e está generalizada em todo o mundo (F. LERIQUE, 2012, pp.139-150). Alguns autores não se limitam a definir a metropolização como um conceito, mas consideram-na como um paradigma para compreender as mudanças territoriais e fornecer explicações para as mudanças no ordenamento do território (C. Gharra-Gobin, 2010, pp.25-33). Estes autores criaram posteriormente formas urbanas associadas, tais como o distrito industrial, os clusters e os sistemas de produção locais, que consistem num agrupamento de certas actividades dentro do mesmo sector industrial (C. Gharra-Gobin, 2010, pp.25-33).

Em 1999, Lacour definiu a metropolização como "um conjunto de processos que favorecem grandes dimensões urbanas marcadas por transformações no sistema produtivo, entendidas a nível internacional e global", conduzindo a uma recomposição territorial. Trata-se então de um agrupamento espacial devido a encontros informais entre indivíduos pertencentes a diferentes empresas ou instituições mas pertencentes ao mesmo sector de actividade (Denise Pumain, 1999, pp.63-113). Esta ideia é retomada por L. Halbert a fim de compreender as vantagens de um funcionamento global do território metropolitano com base no exemplo dos clusters (Ludovic Halbert, 2010, p.83) desenvolvidos por muitos autores, o mais conhecido dos quais é Michael Porter (2003). Estas análises insistem especialmente na importância da concentração espacial e nas potenciais sinergias existentes entre actividades complementares reunidas no mesmo local: laboratórios de I&D e centros de formação, empresas "guarda-chuva", subcontratantes e fornecedores e agentes públicos de desenvolvimento. De acordo com esta visão, o reforço destes "pólos locais de competências" exige, por conseguinte, uma intensificação da cooperação entre estes diferentes intervenientes: redes de empresas, parcerias público-privadas (investigação e desenvolvimento, formação, infra-estruturas, incubadoras de empresas, etc.), esperando incentivar o acolhimento de actividades semelhantes ou complementares. Os clusters de competências fazem parte das recomendações da Comissão Europeia na sua futura política para 2014-2020, intituladas "Estratégias de investigação e inovação para uma especialização inteligente".

Metrópoles: um verdadeiro facto urbano que existe graças às vantagens metropolitanas

Ao contrário da ideia de que as novas tecnologias iriam fazer desaparecer as cidades devido ao aumento do número de megacidades, à expansão urbana e ao advento de uma civilização em rede (M. Vanier, 2013, pp.1-4), as metrópoles desenvolveram vantagens metropolitanas, colocando-as no centro de movimentos de grande escala que envolvem tanto fluxos endógenos como exógenos. Ludovic Halbert (2010, p.92) considera as metrópoles como um apoio ao desenvolvimento económico e às políticas de planeamento local. Ele parte da economia territorial para definir a vantagem metropolitana ou a vantagem económica das regiões metropolitanas na globalização. Devem ser centros de produção e de acumulação de riqueza, fazendo parte de um ecossistema aberto e integrado. Desenvolvem assim interacções contínuas entre as metrópoles e os territórios-âncora para a implantação da metropolização. Dentro destes territórios, desenvolvem-se dinâmicas de criação conjunta entre populações e instituições. Esta análise desafia a ideia redutora de considerar a metrópole como um local de concentração de actividades económicas de elevado valor acrescentado, que baseia o seu desenvolvimento económico nas suas relações globais de longa data, muitas vezes recorrendo à externalização de actividades, a fim de atrair investidores e capital e de se posicionar no mundo da concorrência com outros territórios. Segundo L. Halbert, esta concepção redutora gera um estado de impotência quando se trata de encontrar soluções para os problemas das desigualdades sociais e económicas. Além disso, não se coaduna com uma lógica de desenvolvimento sustentável, porque exerce demasiada pressão sobre os recursos e, em vez de o território desenvolver o seu gradiente metropolitano de influência, torna-o bastante dependente dos mandantes. A metropolização é, segundo a abordagem da economia territorial de L. Halbert, definida como a capacidade de desenvolver uma vantagem baseada na mobilização de recursos e actores dentro e fora da metrópole. A articulação de actores e recursos permitirá aprofundar os efeitos positivos da acção colectiva, o que significa que a vantagem metropolitana reside no facto de ser possível jogar em várias escalas territoriais para melhor combinar e mobilizar recursos e actores diversificados (Bruno Moriset, 2012, pp. 147-148).

A abordagem de L. Halbert leva-nos a colocar a questão da capacidade de uma economia territorial para contrabalançar certas hiperpolarizações, que estão na origem das desigualdades sociais e económicas. O fosso entre os diferentes níveis metropolitanos, tanto globalmente entre países ricos e pobres, como a nível nacional entre regiões com capitais económicas e outras regiões, tende a aumentar.

Na verdade, a população da região mais rica não tem o mesmo valor acrescentado que a de outras regiões. O PIB regional de Nova Iorque é o dobro do da Cidade do México, apesar de as duas cidades terem populações de dimensão semelhante (Guy Di Méo, 2010, pp. 23-38). Assim, os fenómenos de extensão e crescimento urbano não se devem exclusivamente à metropolização, mas a outros critérios como a capacidade da cidade para desenvolver influência política e económica.

Assim, a metropolização não é outra senão esta capacidade de integração funcional global, de controlo, através dos mecanismos de urbanização, de espaços cada vez maiores colocados sob a autoridade das cidades, de centros que operam em rede até constituírem a própria metrópole (Guy Di Méo, 2010, pp. 23-38).

Florence LERIQUE (2012, pp.139-150) considera mesmo que a institucionalização da metrópole é uma necessidade na organização territorial. Na verdade, estas grandes áreas urbanas são uma realidade há muito tempo. Por conseguinte, deve ser-lhes atribuído um estatuto específico que lhes permita dispor de competências mais vastas em termos de desenvolvimento económico, transportes, estradas ou habitação. Em França, a criação institucional dos centros metropolitanos só teve lugar em 2010, após a promulgação da lei RCT de 16 de Dezembro de 2010. O seu objectivo é responder a uma procura dos territórios, apelando a uma maior flexibilidade na sua cooperação metropolitana. O artigo 20º desta lei reconhece um interesse metropolitano, de geometria variável e livremente definível pelos territórios.

No entanto, esta passagem pelos pólos metropolitanos é interpretada por Emmanuel Négrier (2012, pp.73-86) como um passo atrás em termos de consagração da metrópole como uma instituição verdadeiramente autónoma. Interroga-se se o renascimento do espírito do pólo é apenas uma forma de compensar o fracasso das metrópoles ou uma incapacidade francesa de combinar proximidade e poder económico através da metrópole.

O potencial metropolitano não é então medido apenas com base na dimensão demográfica. Para o convencer, basta tomar o exemplo das chamadas cidades XXL, que necessitam de um sistema de governação urbana adaptado ao seu rápido crescimento demográfico, a fim de ter influência internacional e integrar as redes das metrópoles mundiais (D. Lorrain, 2011, p.13-52).

Inversamente, as cidades de média dimensão que não têm a dimensão crítica para a metropolização, embora tenham alguns trunfos de influência internacional, devem completar a criação da sua trajectória metropolitana com uma estrutura policêntrica mais ampla e mais flexível (F. LERIQUE, 2012, pp.139-150). Esta estrutura permitirá, com efeito, uma maior cooperação entre aglomerados urbanos da mesma zona para a realização de grandes projectos: transportes, centros de investigação e inovação. Um exemplo típico é o de Lyon e Saint-Etienne, que se uniram para formar um centro universitário, o que lhes permitiria, no futuro, competir com Barcelona, Milão, Manchester ou Frankfurt.

Esta observação encorajou os promotores territoriais a desenvolver funcionalidades complementares, de acordo com uma abordagem policêntrica que assegura um posicionamento metropolitano na cena internacional.

UMA VIA DE METROPOLIZAÇÃO: O POLICENTRISMO FUNCIONAL

O policentrismo pode ajudar a conter a expansão urbana, promover estratégias de cooperação e assegurar a ligação em rede entre cidades em maior escala. O seu objectivo é conseguir economias mais eficientes e, ao mesmo tempo, alcançar desenvolvimentos regionais mais equitativos.

Uma rede urbana mais policêntrica, por oposição à monocêntrica, é um objectivo central de várias estratégias nacionais em todo o mundo.

Policentricidade funcional: um conceito metropolitano a ser dominado

A policentricidade evoca dois aspectos: o primeiro aspecto morfológico corresponde à distribuição dos espaços urbanos, seu número, hierarquia e distribuição. O segundo aspecto funcional é uma variação das redes de fluxos e da cooperação entre cidades. A questão da distância não é absoluta nestas redes, embora alguns fluxos exijam proximidade. Em geral, com o desenvolvimento das NTIC, as redes estão a tornar-se cada vez mais independentes da distância.

O conceito surgiu na década de 1930 com o desenvolvimento da teoria do lugar central e aplicado nos EUA para permitir um equilíbrio regional entre os diferentes estados dos EUA. Foi adoptada por Leipzig em 1994, no âmbito do processo PESD, uma vez que a policentricidade era um objectivo político fundamental da PESD.

Uma área urbana é policêntrica quando é caracterizada por várias cidades a diferentes níveis, em vez de ser dominada por uma única cidade. As políticas policêntricas têm então o objectivo de estimular o crescimento no centro e em regiões fora do centro.

Em contraste com a policentricidade, a monocentricidade tende a concentrar a prestação de serviços e as capacidades de desenvolvimento territorial num único centro.

O objectivo da policentricidade é realçar as complementaridades funcionais entre cidades, para que actuem em conjunto como uma cidade maior. Esta integração ajuda a compensar a predominância do centro nacional.

A nível inter-regional ou meso, as complementaridades urbanas são importantes. Duas ou mais zonas urbanas desenvolvem funções complementares a fim de fornecer aos seus cidadãos e empresas produtos e serviços que são oferecidos apenas por um número limitado de territórios. Em vez de competir para desenvolver as mesmas funções urbanas, o EDEC recomenda que as cidades cooperem através da congregação dos seus recursos existentes, especialmente os complementares.

A nível de Marrocos, a zona Casa-Rabat-Kenitra, que alberga várias AUF, pode ser considerada como uma grande AUF policêntrica, dado que uma proporção significativa dos trabalhadores se desloca de Kenitra para Rabat ou para Casa e vice-versa. Num futuro próximo, com o projecto da linha ferroviária de alta velocidade Tânger-Casa, esta zona policêntrica poderá mesmo integrar a região de Tânger-Tetouan. Regressamos a esta zona urbana no estudo de caso marroquino.

O grau de policentricidade de um sistema urbano

O grau de policentricidade não está ligado aos resultados das políticas de ordenamento do território. Visa, antes de mais, mostrar o produto das histórias nacionais e do reforço territorial a nível de um país, numa perspectiva de muito longo prazo. O estudo ESPON 1.4.3 sobre as funções urbanas mostra que a evolução económica e política deu origem a diferentes padrões urbanos que caracterizam cada país, com uma série de situações entre monocentrismo e policentrismo.

Outros estudos tentaram estabelecer os critérios para a policentricidade de um sistema urbano, partindo das componentes básicas da policentricidade que são as áreas urbanas funcionais (FUA). A análise realizada pelo projecto ESPON 1.1.1 sobre o potencial de desenvolvimento policêntrico em 2004 considerou três índices de policentricidade:

1. **Índice de dimensão:** para que a policentricidade ocorra, a área em questão deve incluir cidades grandes, médias e pequenas. O sistema urbano não deve ser dominado por uma única grande cidade. Uma distribuição horizontal é mais policêntrica do que uma distribuição inclinada.

Para avaliar este índice, calculamos a inclinação da linha de distribuição em tamanho de linha da população de todas as cidades excepto a maior, e medimos o desvio desta última em relação a esta linha.

Podemos também calcular a taxa de primazia para avaliar o peso da maior cidade no sistema urbano.

Uma alternativa é realizar a mesma análise não para a população, mas para o PIB. Quanto à distribuição por ordem - dimensão da população, foram definidos dois subindicadores para o PIB: (c) a inclinação da linha de regressão da distribuição por ordem - dimensão do PIB e (d) o grau de desvio do PIB da cidade onde é mais elevado em relação a esta linha de regressão. Todas as cidades são incluídas no cálculo da linha de regressão, excepto a cidade com o PIB mais elevado. A taxa de primazia é aqui interpretada em termos de domínio económico: uma taxa de primazia superior a uma indica que a cidade dominante é "demasiado rica" para o sistema urbano do país.

2. **O índice de localização:** a segunda condição para a policentricidade é que os centros urbanos se encontrem à mesma distância uns dos outros. Uma distribuição uniforme das cidades pelo território presta-se melhor a um sistema urbano policêntrico do que a uma distribuição altamente polarizada em que todas as grandes cidades se encontram agrupadas na mesma parte do território.

Para medir este índice, o território nacional está subdividido em áreas de serviço, cada uma delas ligada a um centro urbano mais próximo. Estas áreas são chamadas polígonos Thiessen. Utiliza-se então o coeficiente de Gini, que mede, com base no número de polígonos de Thiessen servidos por cada centro urbano, o grau de desigualdade numa distribuição espacial que varia entre zero, indicando uma igualdade perfeita, e um, indicando uma polarização máxima.

3. **O índice de conectividade.** Uma terceira propriedade dos sistemas urbanos policêntricos é a divisão funcional do trabalho entre cidades, tanto entre centros superiores e inferiores dentro do seu território como entre cidades ao mesmo nível na hierarquia urbana.

Num sistema policêntrico, os pequenos AUF beneficiam tanto quanto os grandes de uma boa acessibilidade. Quanto mais acessíveis forem os centros de nível inferior em relação à cidade principal, tanto menos monocêntrico é o sistema urbano.

Isto exige canais de interacção curtos e eficientes entre cidades de igual dimensão e categoria, mas especialmente entre cidades de categoria inferior e superior.

Existem essencialmente duas formas de medir a conectividade. Uma delas consiste em medir as interacções reais. O ideal seria que a análise revelasse as relações funcionais entre cidades da mesma dimensão ou posição e entre cidades de posição ou posição diferente na hierarquia urbana. Os indicadores adequados destas interacções seriam os fluxos de bens e serviços, os fluxos de viagens e as interacções de natureza imaterial, tais como chamadas telefónicas ou mensagens de correio electrónico. A segunda possibilidade consiste em medir o potencial de interacção. O potencial de interacção pode ser medido em termos de infra-estruturas, ou seja, o nível de ligações rodoviárias (auto-estradas, estradas) ou o nível de serviço das ligações ferroviárias (número de comboios) ou aéreas (número de voos).

Os três índices de policentricidade calculados para o sistema urbano marroquino são muito baixos, correspondendo a um índice de policentricidade marroquino muito baixo. Além disso, uma dimensão policêntrica em Marrocos baseada na população só é possível se for além da região. De facto, quer se trate de investimentos privados ou públicos, o peso demográfico é o indicador preferido para determinar a localização de determinados serviços ou instalações. A população está concentrada nas seguintes cidades : Casablanca, Fez, Marraquexe. Mas nenhuma cidade em Marrocos ultrapassou o limiar dos 4 milhões de habitantes em 2004 para se comparar com as grandes metrópoles à escala mundial.

A policentricidade não é um fim em si, mas um dos meios para atingir objectivos políticos como a competitividade económica, a equidade social e o desenvolvimento sustentável. O caso marroquino deve ir além desta lógica morfológica e construir uma policentricidade funcional de especialização.

CIDADES À PROCURA DE UMA TRAJECTÓRIA METROPOLITANA

As cidades estão a evoluir num contexto marcado por uma concorrência exacerbada, em que a atractividade dos territórios, especialmente das cidades, é um factor determinante para a competitividade económica do país.

Foram realizados vários estudos para avaliar o potencial de metropolização das cidades através da análise das suas funções metropolitanas através de indicadores de proximidade. Estes indicadores reflectem igualmente o potencial destas cidades para desenvolverem trajectórias estratégicas de metropolização em termos de universidades, cultura ou funções de acolhimento e insistem nos fenómenos de integração em redes (transportes, investigação, conhecimento, etc.) a partir das quais se constrói cada vez mais a produção de riqueza e, por conseguinte, o poder das cidades.

REALIZAÇÕES SOBRE O PROCESSO DE METROPOLIZAÇÃO

Vários estudos analisaram o potencial de metropolização das cidades europeias. Algumas delas são enumeradas a seguir:

O programa Observatório em Rede do Ordenamento do Território Europeu (OROTE) abordou a questão dos "nós urbanos" no desenvolvimento territorial na Europa. Referia-se ao policentrismo como uma forma de contrabalançar a hiperpolarização de Londres, Paris, Milão, Munique, Hamburgo (L. Halbert, P. Cicille e C. Rozenblat, 2012, p. 25). Este programa pôs em prática o critério da demografia e as funções dos transportes, das actividades industriais, da economia do conhecimento e dos centros de decisão privados. Identificou 76 MEGA

(Áreas de Crescimento Metropolitano Europeu) subdivididos em cinco categorias (Figura 2).

Figura 2. MEGA de acordo com o programa ESPON

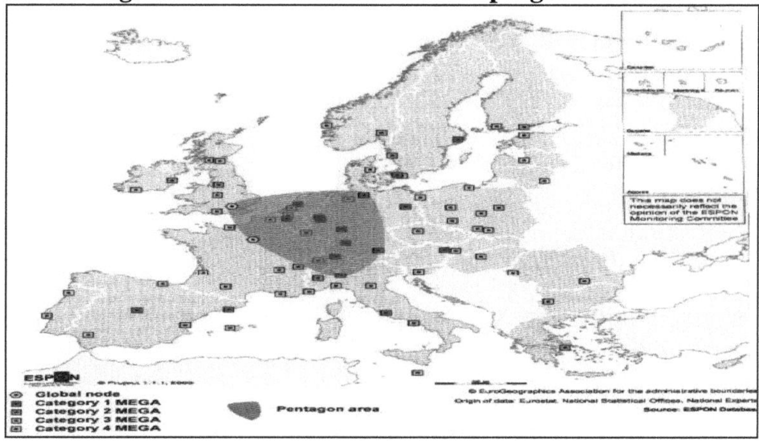

A categoria 1 inclui 17 MEGA, com uma pontuação elevada para todos os indicadores. Estes incluem Munique, Frankfurt, Madrid e Milão. As categorias 2 e 3 incluem Áreas Urbanas Funcionais (FUA) menos diversificadas ou mais pequenas, ou especializadas numa função, como Praga e Luxemburgo, ou FUA de âmbito nacional, como Lyon, Marselha, Glasgow, Bolonha.

Em 2011, um estudo do Instituto Federal Alemão (BBSR) intitulado "Áreas metropolitanas na Europa" considera as regiões metropolitanas como motores do desenvolvimento económico, social e cultural. O seu relatório discute a ascensão das regiões metropolitanas na Alemanha. No seu estudo, identifica 125 áreas metropolitanas, incluindo a Rússia, a Turquia e os países da Europa Oriental. 11 As áreas metropolitanas francesas são também abrangidas por este estudo.

A medição do potencial de metropolização dos vários AUF identificados por este estudo é realizada com base em 38 indicadores (política, economia, cultura, ciência e transportes). As cidades são classificadas de acordo com a diversificação ou especialização dos seus perfis. São então identificados quatro tipos de áreas metropolitanas, como mostra a figura 3.

Figura 3. Os diferentes tipos de áreas metropolitanas de acordo com a BBSR

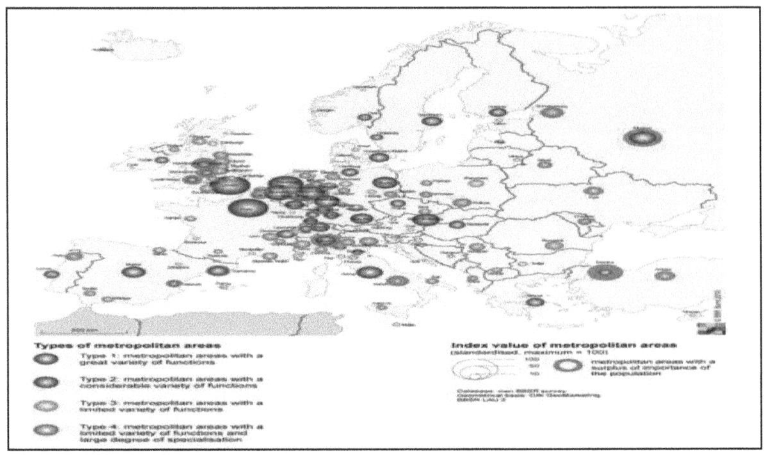

1. Áreas metropolitanas com uma grande variedade de funções (21 incluindo Paris).

2. Áreas metropolitanas com uma grande variedade de funções (19 incluindo Estrasburgo).

3. Áreas metropolitanas com um número limitado de funções (67 incluindo Bordeaux, Grenoble, Lille, Marselha-Toulon, Montpellier, Nancy, Nantes e Nice).

4. Áreas metropolitanas com um número limitado de funções e um elevado grau de especialização (18 incluindo Toulouse e Cambridge).

O estudo identifica estas quatro classes principais em que Paris e Londres, embora dominantes, não são muito diferentes das outras regiões.

UM POTENCIAL PARA UMA MELHOR METROPOLIZAÇÃO DAS CIDADES EUROPEIAS

Dada a multiplicidade de estudos sobre a área metropolitana, é necessário defini-la tendo em conta critérios e indicadores de diversidade funcional. Qualquer que seja a análise adoptada, a metrópole caracteriza-se, em primeiro lugar, pelo seu peso demográfico significativo (L. Halbert, P. Cicille e C. Rozenblat, 2012, p. 58), sem descurar o potencial das suas funções conducentes a uma metropolização diversificada ou especializada).

Funções metropolitanas a destacar

O critério demográfico é fundamental para o desenvolvimento de uma trajectória metropolitana. Georg Simmel referiu-se ao cosmopolitismo demográfico como um factor chave na definição de uma metrópole. Corresponde à parte das populações imigrantes ou de origem imigrante e à sua capacidade de manter relações com os territórios de origem ou com a diáspora (C. FOURNIER, 2007, 27p). Neste sentido, a metrópole recebe e envia pessoas por diversas razões (negócios, formação, turismo, etc.) por curtos ou longos períodos de tempo.

Este critério demográfico é necessário mas insuficiente. São indispensáveis outros critérios funcionais:

- A produção e circulação de ideias é uma característica de uma metrópole, ligada à capacidade dos grandes meios de comunicação e à criatividade da cena cultural e intelectual, ao dinamismo da investigação académica e aplicada, à inovação e à inserção destes produtores de ideias nas circulações de longo alcance.

- a circulação de capitais assegurada por uma grande bolsa de valores, por grandes centros financeiros bancários e de seguros e por centros de investimento.

- As funções de liderança, organização e inovação orientadas para cadeias de valor globalizadas são factores que permitem à região fazer parte de redes de produção globais, tanto na indústria como nos serviços.

- A influência política pode ajudar a garantir a integração de uma metrópole em redes geo-diplomáticas supranacionais.

Com base nestes critérios, L. Halbert, P. Cicille e C. A Rozenblat tentou medir o grau de metropolização das cidades europeias. Definiram um método de análise da dinâmica urbana e metropolitana europeia com base num número significativo de aglomerações europeias avaliadas à escala das suas zonas urbanas. Foi estabelecido um limiar de 200 000 habitantes para manter no âmbito do estudo as regiões susceptíveis de beneficiar das economias de aglomeração, que agrupam uma diversidade de funções e funcionam como potenciais ligações entre as grandes regiões urbanas e as mais pequenas. Foram seleccionadas 357 zonas urbanas europeias (incluindo 47 em França), presentes nos 27 Estados-Membros da União Europeia alargada à Suíça e à Noruega. A Alemanha, com a sua grande demografia, tem o maior número de áreas urbanas funcionais (71 AUF).

Uma vez definidos os AUF, foram utilizados 25 indicadores (ver quadro.1 do Anexo II). Foram divididas em seis zonas, avaliadas pelos desafios que enfrentam as zonas urbanas europeias seleccionadas (L. Halbert, P. Cicille e C. Rozenblat, 2012, p. 51):

1. Desenvolvimento territorial: Foram utilizados sete indicadores para reflectir esta área. Foram seleccionados para responder a uma questão-chave: em que medida a dimensão demográfica determina a produtividade das zonas urbanas?

2. A sociedade da mobilidade: Foram seleccionados três indicadores para determinar a capacidade de um território para participar no tráfego de longa distância.

3. Funcionamento e impacto económico. O enviesamento neste domínio consistiu em especificar, relativamente a 5 indicadores, a situação das 357 zonas urbanas estudadas na implantação de redes de produção globais e das chamadas cidades "globais".

4. Tráfego cultural e turístico: a consideração deste domínio pareceu importante porque pode permitir que um território faça parte das estratégias temporárias de circulação do turismo de negócios e de lazer. Foram utilizados três indicadores para reflectir esta área.

5. A sociedade do conhecimento e da inovação: Uma grande parte da riqueza depende da capacidade de incluir um território em fluxos de conhecimento locais e de longo alcance. Por conseguinte, considerou-se essencial considerar esta área através de três indicadores para avaliar a situação das zonas urbanas europeias.

6. Influência política: exprime a capacidade de um território se afirmar como um centro de decisão política a nível europeu e mundial, o que contribui para a sua influência e atractividade. Esta área foi traduzida em três indicadores.

A avaliação destes indicadores por área urbana funcional (FUA) permitiu uma classificação hierárquica ascendente (HCA): um agrupamento em forma de árvore destas FUAs de acordo com a sua semelhança sobre as variáveis estudadas (L. Halbert, P. Cicille e C. Rozenblat, 2012, p. 58). A figura 4 ilustra estes agrupamentos.

Figura 4: Tipologia por CAH dos AUF de acordo com o estudo DATAR 2012

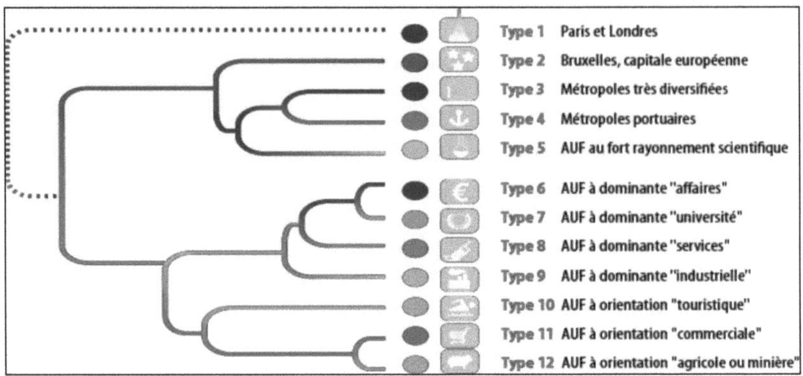

O número de classes relevantes é definido de acordo com a progressão descontínua da disparidade entre AUF. Ludovic Halbert, Patricia Cicille e Céline Rozenblat definiram o índice de nível para diferenciar as diferentes classes, o que permitiu distinguir os 12 tipos que caracterizam 357 AUF europeus da seguinte forma :

- 26 áreas urbanas metropolitanas na Europa destacam-se pelo seu peso e especialização na maioria das grandes áreas de tráfego estudadas: mobilidade, economia, cultura, turismo, investigação, inovação e política:

- **2 Metrópoles mundiais**: Paris e Londres.

- **20 metrópoles europeias muito diversificadas** : Viena, Berlim, Düsseldorf, Frankfurt, Munique, Copenhaga, Barcelona, Madrid, Helsínquia, Atenas, Budapeste, Dublin, Milão, Roma, Oslo, Amesterdão, Lisboa, Praga, Estocolmo, Zurique.

- **3 Metrópoles portuárias**: Hamburgo, Antuérpia, Roterdão.

- **Bruxelas** "capital europeia".

- Os outros 331 AUF europeus estão fortemente polarizados por estas áreas metropolitanas e têm perfis diversificados (tons azul e violeta na figura 5) ou "especializados" (tons verdes e amarelos na mesma figura).

Figura 5: Tipologia das áreas urbanas europeias de acordo com o estudo DATAR 2012

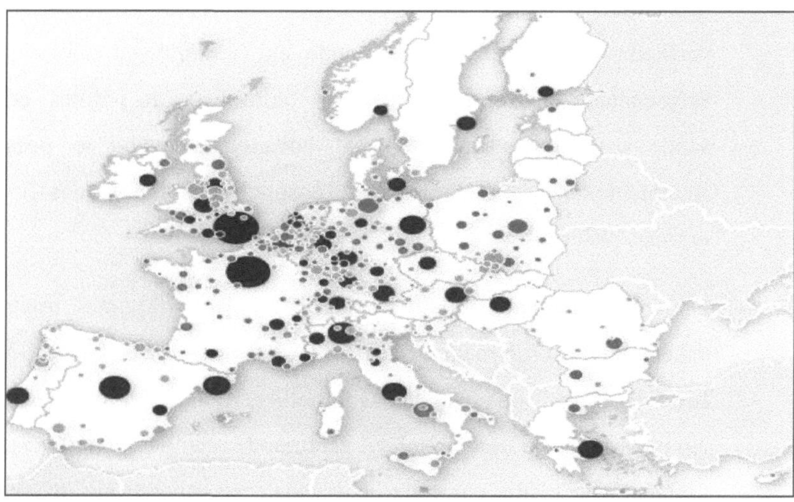

Cidades em busca de uma trajectória metropolitana

Entre os factores de emergência de uma metrópole de grande importância está a diversificação económica, que permite evitar um declínio económico duradouro, graças à multiplicidade de interacções capazes de desencadear processos de inovação (C. Gharra-Gobin, 2010, pp. 25-33).

Segundo o estudo realizado por Ludovic Halbert, Patricia Cicille e Céline Rozenblat, 88 zonas urbanas europeias (incluindo Nápoles, Bona, Belfast, Newcastle e 37 zonas urbanas francesas que representam 78% dos territórios franceses estudados) não são metrópoles de nível europeu, ao contrário de outras zonas urbanas europeias como Milão, Barcelona ou Düsseldorf. Estão entre as 252 zonas urbanas europeias com mais de 200.000 habitantes das 357 estudadas pela DATAR 2012, que têm um perfil diversificado com um desempenho médio (L. Halbert, P. Cicille e C. Rozenblat, 2012, p. 58). Estas áreas urbanas com um perfil diversificado têm o perfil da classe "Serviços" Esta classe tem a particularidade de ter territórios onde, em média, o seu valor económico acrescentado em serviços colectivos (administração pública, educação, saúde e acção social, serviços colectivos, sociais e pessoais e, finalmente, serviços domésticos) é superior à média das 357 áreas urbanas observadas na Europa.

Das 88 zonas urbanas do perfil de serviço, 10 zonas urbanas que descrevemos como médias são as mais bem sucedidas: Nantes, Nápoles, Lille, Bordéus, Bona, Belfast, Montpellier, Rennes, Newcastle e Leipzig. No entanto, o seu desempenho é geralmente médio (ver figura 7). Não se destacam da média europeia observada, excepto no que diz respeito à representação das suas filiais na Europa e à sua especialização em serviços comerciais avançados.

Neste último sector, é interessante notar que o desempenho de certas cidades, como Nantes, é superior ao observado em Estrasburgo e Marselha e tende a igualar o de Toulouse, zonas urbanas que, no entanto, têm um perfil mais elevado do que os 88 AUF. Esta observação sugere já uma das trajectórias possíveis para estas cidades de média dimensão, como Nantes, que é ver as suas áreas urbanas juntarem-se às grandes áreas urbanas (Lyon, Marselha, Nice, Toulouse e Estrasburgo) especializadas não no sector dos serviços colectivos, mas no domínio dos serviços avançados às empresas e do seu perfil "empresarial" europeu. Consequentemente, a evolução provável para este perfil dependerá da sua capacidade para preencher várias margens de progresso que podem ser avaliadas ao mesmo tempo:

- na sua função de ligar mais cidades europeias num só dia;

- para aumentar o seu posicionamento num campo específico como o marítimo para Nantes ;

- na sua capacidade de serem mais atractivas e ofensivas no acolhimento das sedes e na organização de congressos internacionais, em particular.

UM MODELO MARROQUINO EM CONSTRUÇÃO

Teoricamente, a metropolização das cidades marroquinas só pode ter uma dimensão internacional, de acordo com uma abordagem funcional policêntrica. Só a Área Metropolitana Central (incluindo o eixo Atlântico Safi, Kenitra, via El Jadida, Casablanca, Mohammedia, Rabat, Salé e Kenitra e integrando para o interior de Marrocos, Khemisset e Settat), que discutiremos mais adiante, tem potencial para uma metropolização diversificada. As outras cidades só podem desenvolver uma trajetória de metropolização policêntrica especializada.

Especialização funcional: uma dimensão importante da policentricidade

Acontece que as cidades não têm a mesma importância no sistema urbano marroquino: algumas são grandes e têm funções variadas como no caso de Casablanca, outras são de importância nacional devido ao desenvolvimento da sua função turística (Marraquexe e Ouarzazate). Outros albergam a sede ou os anexos da administração nacional ou de instituições internacionais.

Nesta secção, demonstramos que as funções podem diferenciar as cidades umas das outras e criar redes capazes de formar áreas metropolitanas policêntricas especializadas numa função. Para tal, analisamos o potencial das cidades marroquinas em relação às funções metropolitanas definidas nos estudos europeus da ESPON e de Ludovic Halbert, Patricia Cicille e Céline Rozenblat (2012, p. 58). Trata-se de transportes, turismo, indústria, investigação e desenvolvimento, influência económica e funções administrativas.

Transportes: A conectividade dos AUFs é um dos factores centrais do policentrismo. Nenhuma partilha de funções económicas pode ser verdadeiramente eficaz se não for acompanhada por uma infra-estrutura de transportes eficiente e acessível. O transporte é medido através dos grandes aeroportos e dos grandes portos de contentores para identificar explicitamente as cidades orientadas para os transportes. O quadro global resultante é bastante monocêntrico, especialmente em países geograficamente pequenos. Os nós de transporte mais activos encontram-se em Casablanca. De acordo com as directrizes da SNAT (2002), nenhuma cidade marroquina tem um nó de transporte de importância global.

Turismo: O turismo é um indicador da atractividade territorial. A maioria das cidades que desenvolvem uma função turística está atrasada em relação a outras funções metropolitanas. No entanto, Ouarzazate, Marraquexe e Agadir são cidades situadas no sul de Marrocos. As orientações do SNAT (2002) mostram que apresentam potencialidades importantes para se desenvolverem em pólos metropolitanos policêntricos especializados na função turística. Este pólo pode desempenhar um papel de retransmissão para o desenvolvimento metropolitano das províncias sarianas. As cidades imperiais de Fez e Meknes são também pólos importantes em termos de turismo.

Indústria transformadora: Em muitos países (especialmente na Europa), os sistemas urbanos são o resultado da industrialização. As indústrias transformadoras estão em declínio na maioria das regiões, mas continuam a ser a espinha dorsal da economia em muitas outras. O poder industrial foi medido através do cálculo do valor acrescentado bruto do sector transformador. Os AUF mais fortes encontram-se na área metropolitana central dominada pela região da grande Casablanca (SOFA, 2005) e na região bipolar de Tânger-Tetouan (SNAT 2002). Estas duas áreas urbanas serão estudadas mais tarde.

Conhecimento: Esta função é medida através do cálculo do número de estudantes que frequentam as instituições de ensino superior. Várias regiões de Marrocos respondem a nível nacional de uma forma adequada a esta função. No entanto, é de notar que apenas a Universidade de Kadi Ayad está classificada no Shanghai 2013 Shanghai Research Ranking of Universities, com uma classificação muito modesta de 3090 entre 5000 centros de investigação.

O "poder de influência" de um sistema urbano depende não só do seu nível de competitividade e do seu peso demográfico, mas também da sua real atractividade económica para os investidores privados. A distribuição das sedes das grandes multinacionais é um indicador da atractividade económica. As empresas localizam as suas sedes em locais facilmente acessíveis e próximos dos serviços empresariais. A tomada de decisões no sector privado está quase ausente para todas as cidades, excepto Casablanca, onde três grandes bancos mundiais estão sediados de acordo com a classificação FORBES 2014.

Tomada de decisões no sector público: A hierarquia acentuada no sistema urbano marroquino deve-se frequentemente ao desenvolvimento de funções administrativas. Rabat, devido à sua natureza de capital político, é o principal centro do sistema administrativo marroquino.

Embora a questão metropolitana seja territorial, em Marrocos tem uma fundação central definida pelo SNAT. Esta última deu origem a outras reflexões territoriais, baseadas numa abordagem funcional. Estas reflexões são desenvolvidas no SOFA (Schéma d'organisation fonctionnelle d'aménagement de l'aire métropolitaine Casa-Rabat, 2005) e no SRAT (Schéma régional d'aménagement du territoire). Estes documentos (SNAT, SOFA e SRAT) visam estabelecer e partilhar uma visão comum sobre o futuro de um território (pelas Autoridades Nacionais, Regionais e Locais).

Um SNAT que estabelece o quadro para uma potencial abordagem funcional às metrópoles

O SNAT aborda a questão da metropolização no sistema urbano marroquino de acordo com uma abordagem funcional e as suas repercussões positivas sobre o desenvolvimento socioeconómico das regiões marroquinas. Defende mesmo a garantia do equilíbrio macroeconómico do sistema urbano marroquino para o desenvolvimento da metropolização em Marrocos (SNAT 2002).

Baseia-se na ideia de que Marrocos, como qualquer sistema urbano, tem as chamadas cidades económicas onde encontramos as grandes cidades e, principalmente, a metrópole de Casablanca e as chamadas cidades estatais. As cidades económicas produzem valor acrescentado e representam recursos importantes para o orçamento do Estado. As cidades estatais utilizam estes recursos, no âmbito da função do Estado em termos de redistribuição de recursos entre espaços. Estas cidades são geralmente pequenas cidades.

O SNAT, ao diferenciar estes dois tipos de cidades, observa a existência de um equilíbrio demográfico entre os dois conjuntos de cidades, o que mostra que, se quisermos contextualizar a experiência global da metropolização, o factor recursos humanos é de notável importância no reforço do potencial de metropolização das cidades credoras (que são as cidades económicas) e também na definição das trajectórias metropolitanas das cidades devedoras (ou seja, as cidades do Estado).

O SNAT acrescenta que este sistema, que é suposto estar em equilíbrio demográfico, é susceptível de ser perturbado se o crescimento demográfico das cidades não for acompanhado por um desenvolvimento económico das cidades marroquinas para fazer face às despesas de urbanização. Daí a necessidade de tomar medidas para :

- reforçar a eficiência das cidades económicas com vista à competitividade internacional, o que significa encontrar trajectórias para a metropolização internacional destas cidades.
- promover as cidades estatais actuais à categoria de cidades económicas. Isto significa também definir as trajectórias de posicionamento destas cidades na cena nacional e procurar complementaridades funcionais entre elas ou com outras cidades económicas, a fim de desenvolver as especializações metropolitanas.

O exemplo de Rabat, extraído do SNAT, confirma esta segunda recomendação. Para além das funções administrativas que desenvolve devido à sua natureza de capital administrativo, as funções metropolitanas estratégicas foram identificadas pelo SOFA. São funções universitárias, de investigação e desenvolvimento e de saúde, que beneficiam da existência de uma série de universidades, hospitais e centros de investigação e da complementaridade com Casablanca, no âmbito da Área Metropolitana Central.

Oujda é um exemplo de uma cidade do Estado, mas negligenciada, dependente dos caprichos da fronteira. Falta indústria e formação profissional nesta cidade, embora seja uma cidade que representa forças que residem no facto de ser uma cidade urbana por excelência e culturalmente aberta ao internacional e uma porta de entrada principal para as RMEs. O SNAT sugere que o Estado tome uma decisão e acções estratégicas para melhorar o seu potencial atractivo e estabelecer-se como uma cidade metropolitana.

Outro exemplo de cidades que existem abaixo do seu potencial económico é Beni Mellal: a região tem os perímetros irrigados do Tadla e a cidade tem uma deficiência económica notável. O desenvolvimento industrial do Beni-Mellal é tanto mais adequado quanto está localizado perto da bacia do fosfato, com os seus problemas de conversão de parte da mão-de-obra mineira.

Para além desta classificação de cidades económicas e do Estado, o SNAT define os pólos de crescimento e os centros estruturantes que as agrupam. Estes agrupamentos demonstram uma complementaridade funcional dentro destes grupos.

Os pólos de crescimento são locais de criação de riqueza e emprego e são constituídos de acordo com mecanismos de redistribuição financeira. Embora as suas áreas de superfície sejam limitadas, representam 85% do potencial de crescimento nacional e organizam o espaço numa grande parte do país. O SNAT contou seis deles: o complexo Casablanca - Rabat - Kenitra, já identificado no MCA pela SOFA. Só ela detém 40% do potencial de crescimento nacional, o aglomerado Saïss - Fès - Meknès, o aglomerado Tânger-Tetouan, Agadir e arredores, Nador - Berkane - Oujda e o aglomerado Tadla.

Ao elaborar esta classificação, o SNAT não excluiu outras grandes cidades como Marraquexe, Safi, Taza e mais a sul, Guelmin - Tantane, mas estas foram consideradas como pontos de crescimento com conteúdo distinto.

Esta distribuição dos pólos mostra a existência de um desequilíbrio espacial das cidades marroquinas, mais acentuado no sul do Reino. Para corrigir este desequilíbrio, o SNAT evocou o conceito de centros estruturantes que agrupam algumas cidades de média dimensão com coerência suficiente para servirem de pontos de apoio. Citamos a este respeito :

- Ouarzazate e Er-Rachidia, que são cidades estafetas para a migração, com um saldo negativo;
- Khenifra, é uma cidade central por excelência do território nacional, uma charneira tanto na direcção NE-SW (Fez-Marrakech) como na direcção NW-SE (Rissani-Rommani). Como tal, pode ser considerada como uma Meca do espaço marroquino, o cruzamento do eixo imperial Marraquexe - Fez e a colina histórica Rissani-Rabat.

Uma Área Metropolitana Central confirmada pelo SOFA

A Área Metropolitana Central é um grande espaço situado há muito tempo como motor da economia e da atractividade marroquina. Agrupa as capitais económica e política de Marrocos e estende-se para norte, até Kenitra, e para Safi, no sul. SOFA (2005) mostra que este espaço não é apenas costeiro, mas pode estender-se para o interior até Settat e Khemisset, fazendo destas duas cidades centros de retransmissão para um equilíbrio espacial no interior do país.

Figura 6. Propostas SOFA para MCA

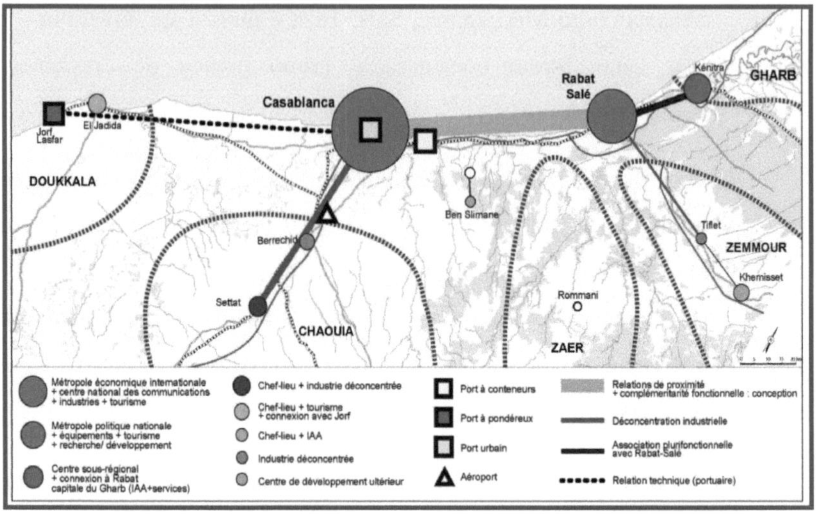

Fonte: SOFA 2005

Esta área metropolitana tem mais de sete milhões de habitantes e é responsável por mais de 50% do valor acrescentado nacional. Rabat e Casa são certamente distintos pela sua história, mas podem desenvolver complementaridades funcionais e uma elevada intensidade relacional.

Este espaço, se desenvolvido, poderá constituir um pólo policêntrico com um mercado de consumo unificado que atingirá dez milhões em cerca de quinze anos e representará um poder de atracção notável para todo o tipo de actividades.

Metropolização policêntrica do binário concluída pelos primeiros SRAT

A história urbana marroquina tem uma originalidade interessante em termos de policentricidade e apresenta as nossas cidades em pares.

Muitas vezes estas cidades estão a cerca de sessenta quilómetros uma da outra, ou seja, meia hora por auto-estrada. Tal situação geográfica é propícia à policentricidade morfológica, convidando os promotores a situarem-se nesta perspectiva. Os primeiros TRS que surgiram ou estavam em vias de surgir seguiram esta lógica.

O caso mais notável é o de Fez e Meknes, que partilha o controlo histórico da região agrícola de Saïss. Este casal é abordado no SRAT da região de Fès Boulemane, que examinou as relações entre eles e as suas potencialidades e limitações intrínsecas através do conceito de atractividade (URAM International, 2013, p. 106). O estudo emitiu três conclusões directamente relacionadas com o processo de metropolização na região de Fès-Boulemane, que especificam que :

- a primazia de Fez é um fenómeno inevitável, que vai aumentar e de que toda a região depende;
- O processo de metropolização está apenas a começar para Fez e deverá envolver cada vez mais a aglomeração de Meknes e as pequenas e médias cidades que gravitam em torno da região bipolar;
- As ligações e infra-estruturas entre cidades estão abaixo do potencial de intercâmbio e carecem, em particular, de transportes de massa. A complementaridade entre a principal cidade metropolitana e os municípios periféricos só pode ser plenamente eficaz com a melhoria do sistema de transportes regionais, que terá de evoluir para a multimodalidade, a fim de ter em conta as necessidades de deslocação, os meios de transporte da população e as características específicas do terreno.

O outro casal, num processo diferente, é o de Tânger e Tetouan. As duas cidades apresentam uma bela complementaridade entre o Atlântico e o Mediterrâneo. Esta potencial área metropolitana é uma ligação entre a

Europa e o resto de Marrocos, com uma boa acessibilidade terrestre através da auto-estrada nacional 1, da auto-estrada do Norte e da futura circular mediterrânica. Com dois aeroportos, um porto internacional e um projecto Tânger-Mediterrâneo, a zona bipolar "Tânger-Tetouan" posiciona-se entre as "zonas bipolares" de importância nacional e desenvolve potencialidades que lhe permitem alcançar um posicionamento estratégico global.

Documentos de desenvolvimento que requerem uma maior coordenação entre os intervenientes

Os documentos de desenvolvimento territorial (SNAT, SRAT e SOFA) só são eficazes se forem tidos em conta por todos os Ministérios e planificadores na preparação dos seus programas sectoriais. Infelizmente, esta coordenação é inexistente em Marrocos.

Por exemplo, o SNAT recomenda que as cidades satélites deixem de ser construídas, embora o Ministério do Ordenamento do Território tenha lançado um grande projecto sem uma actualização do SNAT ou uma avaliação da sua implementação no terreno. Algumas destas cidades estão agora a ser construídas e apresentam problemas urbanos e económicos, como é o caso de Tamesna. Outras são menos atractivas e são mesmo qualificadas como cidades fantasmas (Tamensourt, por exemplo).

Outro exemplo é o eixo de desenvolvimento proposto pela SNAT, que vai da Região do Estreito a Marraquexe, passando por Meknes, Khenifra, Kasba Tadla, Beni Mellal. Segundo o SNAT, o desenvolvimento deste eixo pode ser acentuado ligando os grandes portos ao seu interior (em direcção a estas últimas cidades mencionadas). 14 anos mais tarde, não se registou qualquer realização nesse sentido, verifica-se mesmo um reforço das infra-estruturas a favor do eixo Tânger - El Jadida. As infra-estruturas ainda não ligam os grandes portos ao seu interior, mas ligam-nos entre si (Tânger Med Casa, Casa Al Jadida, Al Jadida-Safi).

Outro caso marcante de desenvolvimento desordenado é o do OCP, que organiza as suas explorações ao longo dos eixos Este-Oeste (Khouribga-Jorf e Benguérir-Safi), desviando-se de Casablanca, sem estradas adequadas nem entre Benguérir e Safi nem entre Settat e Jorf. Além disso, embora o tráfego de fosfatos seja transferido em gasodutos, não existem planos para o futuro das linhas ONCF (Safi-Benguérir, nem Khouribga-Casa-Jorf Lasfar).

A função de coordenação das infra-estruturas é, por conseguinte, totalmente inadequada a nível governamental. Em consequência, a credibilidade dos documentos de planeamento é fraca a nível regional.

Por conseguinte, os documentos de planeamento devem ser regularmente adaptados à realidade, sendo necessário rever se os objectivos devem ser mantidos ou alterados. Essa revisão deverá ter lugar pelo menos de cinco em cinco anos, sob uma forma ligeira, mas propondo alterações à lista de projectos a planear e programar. Sem esta adaptação permanente, a credibilidade do ordenamento do território aos olhos de outros ministérios permanecerá fraca ou mesmo nula (J. Barbier, 2012).

CONCLUSÕES

A transformação das cidades pode ser observada ao longo de períodos de uma a várias décadas. A dinâmica das suas posições, por outro lado, é muito mais lenta, variando entre meio século e mais de um século.

Consequentemente, a fim de satisfazer o posicionamento internacional desejado pelas cidades médias ou pequenas (como as cidades marroquinas), o seu desenvolvimento e as suas acções já não podem ser encarados exclusivamente à escala de uma única zona urbana. Um processo de metropolização policêntrica funcional é então necessário para a construção de uma trajectória metropolitana para estas cidades.

Esta observação, aplicada às cidades marroquinas de média dimensão, exige, de um modo geral, que Marrocos estude cinco opções estratégicas:

- A primeira não é ver a metrópole ou um território com vocação metropolitana como uma aglomeração, mas como um sistema territorial com funções superiores de comando, impulso e influência, do qual a principal aglomeração urbana é o coração.

- A segunda é não dar a todos os territórios predominantemente urbanos uma vocação metropolitana global, propondo um modelo único, mas sim especializá-los no âmbito de uma rede nacional e de um sistema de cidades com um mínimo continental.

- A terceira é dedicar este destino metropolitano a um número limitado de sistemas urbanos que têm aptidões para se tornar, com Casablanca e a sua Área Metropolitana Central, sistemas com vocação metropolitana ou metrópoles de nível internacional a médio prazo e que poderão reforçar, em ligação com todos os territórios marroquinos, o posicionamento de Marrocos na sua região e no mundo.

- A quarta é avaliar a implementação destas opções no que diz respeito à necessária consideração da originalidade interessante de Marrocos em termos de policentricidade e que apresenta as nossas cidades em pares. Tal situação favorece a policentricidade morfológica, convidando os planificadores a desenvolvê-la numa perspectiva funcional.

- Finalmente, o SNAT precisa de ser revisto e actualizado regularmente, à luz dos grandes problemas que existem hoje e que não são os mesmos de há uma década (urbanização, costeira, o destino das zonas de montanha, a grave crise dos oásis e das províncias do Atlas Sul, etc.). Além disso, o SNAT foi criado antes da RGPH de 2004, e desenvolveu-se, em parte, com base em dados que remontam à RGPH de 1994.

BIBLIOGRAFIA

Obras de referência

- C. FOURNIER, " La ville européenne dans la littérature fantastique du tournant du siècle 1860-1915 ", L'AGE D'HOMME, 2007, 361 p.
- D. Lorrain, " Métropoles XXL en pays émergent, Col. Sciences Po. Les Presses, 2011, pp.13-52.
- F. LERIQUE, " à l'heure de la métropolisation, quels contours juridiques ? "Paris, Coll. Grale, Le Harmattan, 2012, pp.139-150.
- J. Jacobs, "Déclin et survie des grandes villes américaines", colecção Eupalinos / série de arquitectura, edição em Bracketed, 2012, 416p
- L. Halbert, L'avantage métropolitain, Paris, Presses Universitaires de France, Colecção "La ville en débat", 2010, 143 páginas.
- L. Halbert, P. Cicille e C. Rozenblat, "Que metrópoles na Europa? Des villes en réseau", la documentation française, 2012, 109 p.
- A. Madisson, Contours of the Word Economy, Oxford University Press, 2007, 436 p.
- M. PORTER, L'avantage concurrentiel : comment devancer ses concurrents et maintenir son avance, Collection: Stratégies et Management, Dunod, 2003, 664 p.
- N. Douay, "la Méditerranée à l'heure de la métropolisation", Observatoire des territoires et de la métropolisation dans l'espace méditerranéen (OMT), 2009, 242p.
- E. Négrier, Métropolisation et réforme territoriale ", Revue française d'administration publique, 2012/1 n° 141, pp. 73-86.
- P. VELTZ, " mondialisation, villes et territoires. L'économie d'archipel ", Presse universitaire de France, Collection Economie en liberté, Paris, 1996, 263p.
- C. Rozenblat e P. Cicille, "Les villes européennes. Analyse comparative ", la documentation française, 2003, Paris, 94p.

Periódicos e artigos

- B. Moriset, "La métropolisation en question. Deux ouvrages récents ", *Géocarrefour,* Vol. 87/2 | 2012, 147-148
- Cattan, "From National Urban Networks to the European City Network: Sources and Indicators", 1996, pp.237-249.
- C. CUENCA, "Développement urbain et intégration régionale en méditerranée", CEFI-CNRS UMR 6126, 2001, p. 2/16.
- C. Gharra-Gobin, "Metropolização: Um Novo Paradigma? "Quaderni, 73, Outono de 2010, pp. 25-33.
- D. PUMAIN, "Théorie des lieux centraux", HYPERGEO, quarta-feira, 19 de Maio de 2004, p. 4.

- D. PUMAIN, "Metropolização: crescimento, diversidade, fracturas, Col. Villes Anthropos, 1999, pp.63-113.
- J. Gottmann, "Megalopolis, or the urbanization of the north-eastern seaaboard", economic geography, 1957, pp.189-200.
- G. Di Méo, " la métropolisation : une clé de lecture de l'organisation contemporaine des espaces géographiques, l'information géographique, 2010/3 Vol.74, pp. 23-38.
- C. Lacour e S. Poderoso, "Metropolização: crescimento, diversidade, fracturas, Col. Anthropos, 1999, pp. 115-152.
- M. Vanier, "La métropolisation ou la fin annoncée des territoires? "Métropolitiques, 22 de Abril de 2013, pp.1-4.

Publicações especializadas

- BBSR, " Áreas metropolitanas na Europa ", Instituto Federal de Investigação sobre a Construção, 2011.
- Comissão Europeia, "Estratégias de investigação e inovação para uma especialização inteligente", apresentação temática da futura política 2014-2020.
- ESPON project 1.4.3, Study on Urban Functions, Relatório Final, Março de 2007, 253p.
- ESPON 1.1.1, Polycentric development potentials in Europe, 143p.
- J. Barbier, "Aménagement du Territoire et la Politique de la Ville", Concertation et co-construction pour une mise en œuvre durable, Abril, Maio de 2012.
- KPMG, "Note de synthèse relative à la mission pour la DATAR de conseil en stratégie pour l'élaboration d'une nouvelle politique nationale en faveur du développement des territoires métropolitains français", 3 de Dezembro de 2010 a 8 de Abril de 2011.
- MAT, DAT, Le SNAT, "les orientations", 2002.
- MATEE, " Etude du Schéma d'Organisation Fonctionnel et d'Aménagement de l'Aire Métropolitaine Centrale de Casa Rabat (SOFA) ", Outubro de 2005, 339 p.
- URAM International, "Etude du Schéma Régional d'Aménagement du Territoire (SRAT) de la Région Fès-Boulemane, phase 1: Diagnostic Territorial Stratégique-Etape 1: Rapports Sectoriels", Junho de 2013, 111 p.
- Les dossiers FNAU, " Les pôles métropolitains : Outils d'interterritorialité " N° 26, Julho de 2013, pp.3-4.

Memórias

- R. DAAFI, o potencial de metropolização das cidades francesas, o caso de Nantes, ENA, Estrasburgo 2013.

- R. DAAFI e M. AMIL, "Promoção do investimento na região de Rabat Salé Zemmour Zaër: que abordagem estratégica e papel para o centro de investimento regional".

yes
I want morebooks!

Buy your books fast and straightforward online - at one of world's fastest growing online book stores! Environmentally sound due to Print-on-Demand technologies.

Buy your books online at
www.morebooks.shop

Compre os seus livros mais rápido e diretamente na internet, em uma das livrarias on-line com o maior crescimento no mundo! Produção que protege o meio ambiente através das tecnologias de impressão sob demanda.

Compre os seus livros on-line em
www.morebooks.shop

KS OmniScriptum Publishing
Brivibas gatve 197
LV-1039 Riga, Latvia
Telefax: +371 686 204 55

info@omniscriptum.com
www.omniscriptum.com

Printed by Books on Demand GmbH, Norderstedt / Germany